Celebremos las fechas patrias

Año Nuevo Chino

Aaron Carr

SPANISH & ENGLISH eBOOKS
AV2 BY WEIGL
ADDED VALUE · AUDIO VISUAL

www.av2books.com

El enriquecido libro electrónico AV² te ofrece una experiencia bilingüe completa entre el inglés y el español para aprender el vocabulario de los dos idiomas.

This AV² media enhanced book gives you a fully bilingual experience between English and Spanish to learn the vocabulary of both languages.

Spanish

English

Navegación bilingüe AV²
AV² Bilingual Navigation

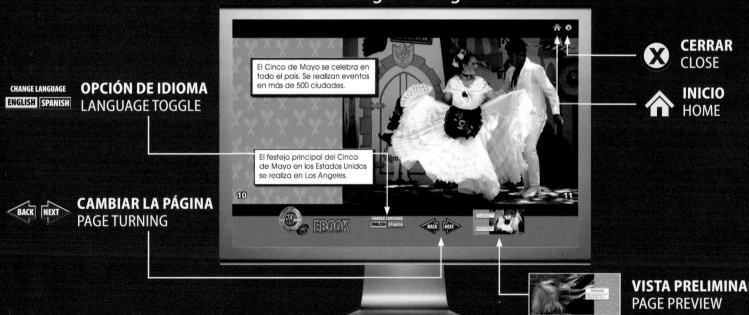

CHANGE LANGUAGE
ENGLISH SPANISH
OPCIÓN DE IDIOMA
LANGUAGE TOGGLE

CAMBIAR LA PÁGINA
PAGE TURNING

CERRAR
CLOSE

INICIO
HOME

VISTA PRELIMINAR
PAGE PREVIEW

El Cinco de Mayo se celebra en todo el país. Se realizan eventos en más de 500 ciudades.

El festejo principal del Cinco de Mayo en los Estados Unidos se realiza en Los Angeles.

Celebremos las fechas patrias

Año Nuevo Chino

ÍNDICE

4

El Año Nuevo Chino cae todos los años entre el 21 de enero y el 20 de febrero. Es el momento en el que se celebra el año nuevo.

El último día del año chino se llama Víspera de Año Nuevo.

El Año Nuevo Chino viene de una historia muy antigua. La historia cuenta que había una bestia.

La gente encendía petardos para ahuyentar a la bestia.

8

Hay 12 animales en el calendario chino. Cada año nuevo recibe el nombre de uno de estos animales.

Los animales del calendario chino son el dragón, la serpiente, el caballo, la cabra, el mono, el gallo, el perro, el cerdo, la rata, el buey, el tigre y el conejo.

Muchas ciudades del mundo realizan desfiles para celebrar el Año Nuevo Chino. En los desfiles suele haber disfraces de dragones y leones.

Se pueden necesitar más de 100 personas para llevar un disfraz de dragón.

11

El Año Nuevo Chino dura 15 días. Es un momento para visitar amigos y familiares.

El Año Nuevo Chino suele comenzar con una comida especial para el Dios de la Cocina. La gente espera que esta comida lo ponga contento.

La gente hace comidas dulces y arroz pegajoso para el Dios de la Cocina.

16

Muchas tradiciones del Año Nuevo Chino traen buena suerte. La gente decora sus casas con pergaminos rojos, pescado y naranjas. También esconden monedas en albóndigas para la buena suerte.

En la Víspera de Año Nuevo, la gente abre sus puertas y ventanas a la medianoche para dejar entrar a la buena suerte.

El color rojo es muy importante en los festejos del Año Nuevo Chino. Representa un futuro brillante y feliz.

El último día del Año Nuevo Chino se realiza un Festival de Linternas. La gente lleva linternas de colores y las cuelga en sus casas.

DATOS SOBRE EL AÑO NUEVO CHINO

Estas páginas contienen más detalles sobre los interesantes datos de este libro. Están dirigidas a los adultos, como soporte, para que ayuden a los jóvenes lectores a redondear sus conocimientos sobre cada celebración presentada en la serie *Celebremos las fechas patrias*.

Páginas 4–5

El Año Nuevo Chino cae todos los años entre el 21 de enero y el 20 de febrero. Esta celebración marca el comienzo de un nuevo año del calendario chino tradicional. El calendario chino es diferente al calendario que usamos en los Estados Unidos y en otros países. Está basado en la luna y el sol. Este festival, también llamado Año Nuevo Lunar, finaliza el primer día de luna llena.

Páginas 6–7

El Año Nuevo Chino viene de una historia muy antigua. Cuenta la leyenda que hace mucho tiempo, una bestia llamada Nian se aparecía en un pueblo el primer día de cada año. Nian se comía toda la comida de la gente. Con el tiempo, la gente aprendió que podían ahuyentar a Nian con ruidos fuertes, fuego y el color rojo. Es por eso que la gente todavía prende petardos y cuelga linternas y pergaminos rojos en el Año Nuevo Chino.

Páginas 8–9

Hay 12 animales en el calendario chino. El calendario chino tiene un ciclo de 12 años. Cada año recibe el nombre de un animal diferente. Se cree que las personas nacidas en estos años tienen algunas de las características de estos animales. Por ejemplo, se cree que los que nacen en el año del perro son leales, mientras que los que nacen en el año del caballo son muy trabajadores.

Páginas 10–11

Muchas ciudades del mundo realizan desfiles para celebrar el Año Nuevo Chino. El Año Nuevo Chino se celebra en muchos países con grandes poblaciones asiáticas. En los Estados Unidos, San Francisco realiza el desfile de Año Nuevo Chino más grande. Los trajes de dragón pueden tener 200 pies (61 metros) de largo. Bailarines disfrazados de leones imitan los movimientos de los leones reales. Suenan tambores, gongs y cimbales.

Páginas 12–13

El Año Nuevo Chino dura 15 días. La gente se reúne para celebrar con amigos y familiares. En la Víspera de Año Nuevo, las familias se reúnen para una cena especial. Una de las comidas principales que se sirven durante la celebración es el pescado, que simboliza la esperanza de prosperidad en el año que comienza.

Páginas 14–15

El Año Nuevo Chino suele comenzar con una comida especial para el Dios de la Cocina. El Dios de la Cocina, Zao Jun, protege a las familias. A fin de año, le cuenta al Emperador de Jade cómo se comportó cada persona. El Emperador de Jade gobierna a las personas. La gente espera que, complaciendo al Dios de la Cocina con una comida especial, éste le cuente cosas buenas sobre ellos al Emperador de Jade.

Páginas 16–17

Muchas tradiciones del Año Nuevo Chino traen buena suerte. En el séptimo día, se come pescado crudo para llamar a la fortuna. También se sirven albóndigas durante el Año Nuevo Chino para la buena suerte. Las albóndigas son de repollo y carne, pero la albóndiga de la suerte tiene una moneda adentro. Se dice que la persona que encuentra la moneda tendrá buena suerte en el nuevo año.

Páginas 18–19

El color rojo es muy importante en los festejos del Año Nuevo Chino. El día de Año Nuevo, la gente se viste de rojo y visita amigos y familiares. Los padres y abuelos dan a los niños sobres rojos, llamados *lai see*, con dinero adentro. Los niños duermen con los sobres debajo de sus almohadas para tener buena suerte.

Páginas 20–21

El último día del Año Nuevo Chino se realiza un Festival de Linternas. Tradicionalmente, el Festival de Linternas rinde honor a los ancestros que han fallecido. Durante el festival, la gente coloca linternas alrededor de sus casas. A veces, las linternas tienen acertijos. Los que logran resolverlos reciben un regalito.

¡Visita www.av2books.com para disfrutar de tu libro interactivo de inglés y español!

Check out www.av2books.com for your interactive English and Spanish ebook!

1 **Entra en www.av2books.com**
Go to www.av2books.com

2 **Ingresa tu código**
Enter book code

F 3 7 5 7 3 7

3 **¡Alimenta tu imaginación en línea!**
Fuel your imagination online!

www.av2books.com

Published by AV² by Weigl
350 5th Avenue, 59th Floor New York, NY 10118
Website: www.av2books.com   www.weigl.com

Library of Congress Control Number: 2014949692

ISBN 978-1-4896-2661-5 (hardcover)
ISBN 978-1-4896-2662-2 (single-user eBook)
ISBN 978-1-4896-2663-9 (multi-user eBook)

Printed in the United States of America in North Mankato, Minnesota
1 2 3 4 5 6 7 8 9 0 18 17 16 15 14

112014
WEP020914

Project Coordinator: Jared Siemens
Spanish Editor: Translation Cloud LLC
Design and Layout: Ana María Vidal

Weigl acknowledges Getty Images as the primary image supplier for this title.